160 553508 9

D1424705

Two week loan

Please return on or before the last date stamped below.
Charges are made for late return.

CARDIFF UNIVERSITY LIBRARIES, PO BOX 430, CARDIFF CF1 3XT

LF 114/0796

Alianza y Condena

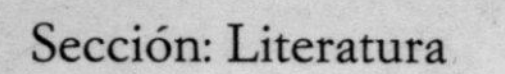
Sección: Literatura

Claudio Rodríguez:
Alianza y Condena

El Libro de Bolsillo
Alianza Editorial
Madrid

®

PQ
6633
.035
.A61
.A5

Reservados todos los derechos. De conformidad con lo dispuesto en el art. 534-bis del Código Penal vigente, podrán ser castigados con penas de multa y privación de libertad quienes reprodujeren o plagiaren, en todo o en parte, una obra literaria, artística o científica fijada en cualquier tipo de soporte sin la preceptiva autorización.

© Claudio Rodríguez
© Alianza Editorial, S. A., Madrid, 1995
Calle Juan Ignacio Luca de Tena, 15; 28027 Madrid; teléf. 393 88 88
ISBN: 84-206-0771-1
Depósito legal: M. 39.748/1995
Compuesto e impreso en Fernández Ciudad, S. L.
Catalina Suárez, 19. 28007 Madrid
Printed in Spain

Para Clara

Alianza y Condena se editó hace treinta años en Revista de Occidente. He corregido tan sólo su división en cuatro libros, lo que me parece ahora desmedido, sustituyéndola por romanos. Salvo tres palabras y la supresión de algunas comas, el texto queda como entonces. Y como entonces pienso que el título basta para comprender que entre lo fascinante y lo tremendo de la vida, cercanía y alejamiento ahora con todas sus consecuencias, a lo largo del tiempo los poemas siguientes hablen o callen.

El autor

I

Brujas a mediodía

(Hacia el conocimiento)

No son cosas de viejas
ni de agujas sin ojo o alfileres
sin cabeza. No salta,
como sal en la lumbre, este sencillo
sortilegio, este viejo
maleficio. Ni hisopo
para rociar ni vela
de cera virgen necesita. Cada
forma de vida tiene
un punto de cocción, un meteoro
de burbujas. Allí, donde el sorteo
de los sentidos busca
propiedad, allí, donde
se cuaja el ser, en ese
vivo estambre, se aloja
la hechicería. No es tan sólo el cuerpo,

con su leyenda de torpeza, lo que
nos engaña: en la misma
constitución de la materia, en tanta
claridad que es estafa,
guiños, mejunjes, trémulo
carmín, nos trastornan. Y huele
a toca negra y aceitosa, a pura
bruja este mediodía de septiembre
y en los pliegues del aire,
en los altares del espacio hay vicios
enterrados, lugares
donde se compra juventud, siniestras
recetas para amores. Y en la tensa
maduración del día, no unos labios
sino secas encías,
nos chupan de la sangre
el rezo y la blasfemia,
el recuerdo, el olvido,
todo aquello que fue sosiego o fiebre.
Como quien lee en un renglón tachado
el arrepentimiento de una vida,
con tesón, con piedad, con fe, aun con odio,
ahora, a mediodía, cuando hace
calor y está apagado
el sabor, contemplamos
el hondo estrago y el tenaz progreso
de las cosas, su eterno
delirio, mientras chillan
las golondrinas de la huida.

La flor del monte, la manteca añeja,
el ombligo de niño, la verbena

de la mañana de San Juan, el manco
muñeco, la resina,
buena para caderas de mujer,
el azafrán, el cardo bajo, la olla
de Talavera con pimienta y vino,
todo lo que es cosa de brujas, cosa
natural, hoy no es nada
junto a este aquelarre
de imágenes que, ahora,
cuando los seres dejan poca sombra,
da un reflejo: la vida.
La vida no es reflejo
pero, ¿cuál es su imagen?
Un cuerpo encima de otro
¿siente resurrección o muerte? ¿Cómo
envenenar, lavar
este aire que no es nuestro pulmón?
¿Por qué quien ama nunca
busca verdad, sino que busca dicha?
¿Cómo sin la verdad
puede existir la dicha? He aquí todo.

Pero nosotros nunca
tocamos la sutura,
esa costura (a veces un remiendo,
a veces un bordado),
entre nuestros sentidos y las cosas,
esa fina arenilla
que ya no huele dulce sino a sal,
donde el río y el mar se desembocan,
un eco en otro eco, los escombros
de un sueño en la cal viva

del sueño aquel por el que yo di un mundo
y lo seguiré dando. Entre las ruinas
del sol tiembla
un nido con calor nocturno. Entre
la ignominia de nuestras leyes se alza
el retablo con viejo
oro y vieja doctrina
de la nueva justicia. ¿En qué mercados
de altas sisas el agua
es vino, el vino sangre, sed la sangre?
¿Por qué aduanas pasa
de contrabando harina
como carne, la carne
como polvo y el polvo
como carne futura?

Esto es cosa de bobos. Un delito
común este de andar entre pellizcos
de brujas. Porque ellas
no estudian sino bailan
y mean, son amigas
de bodegas. Y ahora,
a mediodía,
si ellas nos besan desde tantas cosas,
¿dónde estará su noche,
dónde sus labios, dónde nuestra boca
para aceptar tanta mentira y tanto
amor?

Gestos

Una mirada, un gesto,
cambiarán nuestra vida. Cuando actúa mi mano,
tan sin entendimiento y sin gobierno
pero con errabunda resonancia,
y sondea buscando
calor y compañía en este espacio
en donde tantas otras
han vibrado, ¿qué quiere
decir? Cuántos y cuántos gestos como
un sueño mañanero
pasaron. Como esa
casera mueca de las figurillas
de la baraja, aunque
dejando herida o beso, sólo azar entrañable.
Más luminoso aún que la palabra
nuestro ademán como ella

roído por el tiempo, viejo como la orilla
del río, ¿qué
significa?
¿Por qué desplaza el mismo aire el gesto
de la entrega o del robo,
el que cierra una puerta o el que la abre,
el que da luz o apaga?
¿Por qué es el mismo el giro del brazo cuando siembra
que cuando siega,
el del amor que el del asesinato?

Nosotros tan gesteros pero tan poco alegres,
raza que sólo supo
tejer banderas, raza de desfiles,
de fantasías y de dinastías,
hagamos otras señas.
No he de leer en cada palma, en cada
movimiento, como antes. No puedo ahora frenar
la rotación inmensa del abrazo
para medir su órbita
y recorrer su emocionada curva.
No, no son tiempos
de mirar con nostalgia
esa estela infinita del paso de los hombres.
Hay mucho que olvidar
y más aún que esperar. Tan silencioso
como el vuelo del búho, un gesto claro,
de sencillo bautizo,
dirá, en un aire nuevo,
su nueva significación, su nuevo
uso. Yo sólo, si es posible,
pido cuando me llegue la hora mala,

la hora de echar de menos tantos gestos queridos,
tener fuerza, encontrarlos
como quien halla un fósil
(acaso una quijada aún con el beso trémulo)
de una raza extinguida.

Porque no poseemos

(La mirada)

I

Porque no poseemos,
vemos. La combustión del ojo en esta
hora del día cuando la luz, cruel
de tan veraz, daña
la mirada ya no me trae aquella
sencillez. Ya no sé qué es lo que muere,
qué lo que resucita. Pero miro,
cojo fervor, y la mirada se hace
beso, ya no sé si de amor o traicionero.
Quiere acuñar las cosas,
detener su hosca prisa
de adiós, vestir, cubrir
su feroz desnudez de despedida
con lo que sea: con esa membrana

delicada del aire,
aunque fuera tan sólo
con la sutil ternura
del velo que separa las celdillas
de la granada. Quiere untar su aceite,
denso de juventud y de fatiga,
en tantos goznes luminosos que abre
la realidad, entrar
dejando allí, en alcobas tan fecundas,
su poso y su despojo,
su nido y su tormenta,
sin poder habitarlas. Qué mirada
oscura viendo cosas
tan claras. Mira, mira:
allí sube humo, empiezan
a salir de esa fábrica los hombres,
bajos los ojos, baja la cabeza.
Allí está el Tormes con su cielo alto,
niños por las orillas entre escombros
donde escarban gallinas. Mira, mira:
ve cómo ya, aun con muescas y clavijas,
con ceños y asperezas,
van fluyendo las cosas. Mana, fuente
de rica vena, mi mirada, mi única
salvación, sella, graba,
como en un árbol los enamorados,
la locura armoniosa de la vida
en tus veloces aguas pasajeras.

II

La misteriosa juventud constante
de lo que existe, su maravillosa
eternidad, hoy llaman
con sus nudillos muy heridos a esta
pupila prisionera. Hacía tiempo
(qué bien sé ahora el porqué) me era lo mismo
ver flor que llaga, cepo que caricia;
pero esta tarde ha puesto al descubierto
mi soledad y miro
con mirada distinta. Compañeros
falsos y taciturnos,
cebados de consignas, si tan ricos
de propaganda, de canción tan pobres;
yo mismo, que fallé, tantas ciudades
con ese medallón de barro seco
de la codicia, tanto
pueblo rapaz al que a mi pesar quiero
me fueron, a hurtadillas,
haciendo mal de ojo y yo seguía
entre los sucios guiños, esperando
un momento. Éste de hoy. Tiembla en el aire
la última luz. Es la hora
en que nuestra mirada
se agracia y se adoncella.
La hora en que, al fin, con toda
la vergüenza en la cara, miro y cambio
mi vida entera por una mirada,
esa que ahora está lejos,
la única que me sirve, por la sola
cosa por la que quiero estos dos ojos:
esa mirada que no tiene dueño.

I

El nombre de las cosas que es mentira
y es caridad, el traje
que cubre el cuerpo amado
para que no muramos por la calle
ante él, las cuatro copas
que nos alegran al entrar en esos
edificios donde hay sangre y hay llanto,
hay vino y carcajadas,
el precinto y los cascos,
la cautela del sobre que protege
traición o amor, dinero o trampa,
la inmensa cicatriz que oculta la honda herida,
son nuestro ruin amparo.
Los sindicatos, las cooperativas,

los montepíos, los concursos;
ese prieto vendaje
de la costumbre, que nos tapa el ojo
para que no ceguemos,
la vana golosina de un día y otro día
templándonos la boca
para que el diente no busque la pulpa
fatal, son un engaño
venenoso y piadoso. Centinelas
vigilan. Nunca, nunca
darán la contraseña que conduce
a la terrible munición, a la verdad que mata.

II

Entre la empresa, el empresario, entre
prosperidad y goce,
entre un error prometedor y otra
ciencia a destiempo,
con el duro consuelo
de la palabra, que termina en burla
o en provecho o defensa,
o en viento
enerizo, o en pura
mutilación, no en canto;
entre gente que sólo
es muchedumbre, no
pueblo, ¿dónde
la oportunidad del amor,
de la contemplación libre o, al menos,
de la honda tristeza, del dolor verdadero?

La cáscara y la máscara,
los cuarteles, los foros y los claustros,
diplomas y patentes, halos, galas,
las más burdas mentiras:
la de la libertad mientras se dobla
la vigilancia,
¿han de dar vida a tanta
juventud macerada, tanta fe corrompida?

Pero tú quema, quema
todas las cartas, todos los retratos,
los pajares del tiempo, la avena de la infancia.
El más seco terreno
es el de la renuncia. Quién pudiera
modelar con la lluvia esta de junio
un rostro, dices. Calla
y persevera aunque
ese rostro sea lluvia,
muerde la dura cáscara,
muerde aunque nunca llegues
hasta la celda donde cuaja el fruto.

Por tierra de lobos

I

Arrodillado sobre
tantos días perdidos
contemplo hoy mi trabajo como a esa
ciudad lejana, a campo
abierto.
Y tú me culpas de ello,
corazón, duro amo.
Que recuerde y olvide,
que aligere y que cante
para pasar el tiempo,
para perder el miedo;
que tantos años vayan de vacío
por si nos llega algo
que cobije a los hombres.

Como siempre, ¿eso quieres?
En manada, no astutos
sino desconfiados,
unas veces altivos
otras menesterosos, por inercia
e ignorancia, en los brazos
del rencor, con la honra
de su ajo crudo y de su vino puro,
tú recuerda, recuerda
cuánto en su compañía
ganamos y perdimos.
¿Cómo podrás ahora
acompasar deber
con alegría, dicha
con dinero? Mas sigue.
No hay que buscar ningún
beneficio.
Lejos están aquellas
mañanas.

Las mañanas aquellas pobres de vestuario
como la muerte, llenas
de rodillas beatas y de manos
del marfil de la envidia y de unos dientes
muy blancos y cobardes,
de conejo. Esas calles
de hundida proa con costumbre añosa
de señera pobreza,
de raída arrogancia, como cuñas
que sostienen tan sólo
una carcoma irremediable. Y notas
de sociedad, linaje, favor público,

de terciopelo y pana, caqui y dril,
donde la adulación color lagarto
junto con la avaricia olor a incienso
me eran como enemigos
de nacimiento. Aquellas
mañanas con su fuerte
luz de meseta, tan consoladora.
Aquellas niñas que iban al colegio
de ojos castaños casi todas ellas,
aún no lejos del sueño y ya muy cerca
de la alegría. Sí, y aquellos hombres
en los que confié, tan sólo ávidos
de municiones y de víveres...

A veces, sin embargo, en esas tierras
floreció la amistad. Y muchas veces
hasta el amor. Doy gracias.

II

Erguido sobre
tantos días alegres,
sigo la marcha. No podré habitarte,
ciudad cercana. Siempre seré huésped,
nunca vecino.
Ahora ya el sol tramonta. De esos cerros
baja un olor que es frío aquí en el llano.
El color oro mate poco a poco
se hace bruñida plata. Cae la noche.

No me importó otras veces
la alta noche,

recordadlo. Sé que era lamentable
el trato aquel, el hueco
repertorio de gestos
desvencijados
sobre cuerpos de vario
surtido y con tan poca
gracia para actuar. Y los misales
y las iglesias parroquiales,
y la sotana y la badana, hombres
con diminutos ojos triangulares
como los de la abeja,
legitimando oficialmente el fraude,
la perfidia, y haciendo
la vida negociable; las mujeres
de honor pulimentado, liquidadas
por cese o por derribo,
su mocedad y su frescura
cristalizadas en
ansiedad, rutina
vitalicia, encogiendo
como algodón. Sí, sí, la vieja historia.
Como en la vieja historia oí aquellas
palabras a alta noche, con alcohol,
o de piel de gamuza
o bien correosas, córneas, nunca humanas.
Vi la decrepitud, el mimbre negro.
Oí que eran dolorosas las campanas
a las claras del alba

Es hora muy tardía
mas quiero entrar en la ciudad. Y sigo.
Va a amanecer. ¿Dónde hallaré vivienda?

Eugenio de Luelmo

Que vivió y murió junto al Duero

I

Cuando amanece alguien con gracia
[de tan sencillas
como a su lado son las cosas, casi
parecen nuevas, casi
sentimos el castigo, el miedo oscuro
de poseer. Para esa
propagación inmensa del que ama
floja es la sangre nuestra. La eficacia
[de este hombre,
sin ensayo, el negocio
del mar que eran sus gestos ola a ola,
flor y fruto a la vez, y muerte y nacimiento
al mismo tiempo, y ese gran peligro
de su ternura, de su modo de ir

por las calles nos daban
la única justicia: la alegría.
Como quien fuma al pie
de un polvorín sin darse cuenta íbamos con él
y como era tan fácil
de invitar no veíamos
que besaba al beber y que al hacerle trampas
en el tute, más en el mus, jugaba
de verdad, con sus cartas
sin marca. Él, cuyo oficio sin horario
era la compañía, ¿cómo iba
a saber que su Duero
es mal vecino?

II

Caminos por ventilar
que oreó con su asma,
son de tambores del que él hizo arrullo
siendo de guerra, leyes que dividían
a tajo hombre por hombre
de las que él hizo injertos para poblar su agrio
vacío no con saña,
menos con propaganda,
sino con lo más fértil, su llaneza,
todo ardía en el horno de sus setenta y dos años.
Allí todo era llama
siempre atizada, incendio sin cenizas
desde el sueldo hasta el hijo,
desde las canas hasta la ronquera,
desde la pana al alma. Como alondra
se agachaba al andar y se le abría un poco

el compás de las piernas, con el aire
del que ha cargado mucho (tan distinto
del que monta a caballo o del marino).
Apagada la oreja,
oliendo a cal, a arena, a vino, a sebo,
iba sin despedida:
todo él era retorno.
Esa velocidad conquistadora
de su vida, su sangre
de lagartija, de águila y de perro,
se nos metían en el cuerpo como
música caminera. Ciegos para el misterio
y, por lo tanto, tuertos
para lo real, ricos sólo de imágenes
y sólo de recuerdos, ¿cómo vamos ahora
a celebrar lo que es suceso puro,
noticia sin historia, trabajo que es hazaña?

III

No bajo la cabeza,
Eugenio, aunque yo bien sé que ahora
no me conocerían ni aun en casa.
La muerte no es un río, como el Duero,
ni tampoco es un mar. Como el amor, el mar
siempre acaba entre cuatro
paredes. Y tú, Eugenio, por mil cauces
sin crecida o sequía,
sin puentes, sin mujeres
lavando ropa, ¿en qué aguas
te has metido?

Pero tú no reflejas, como el agua;
como tierra, posees.
Y el hilván de estas calles
de tu barriada al par del río,
y las sobadas briscas,
y el dar la mano sin dar ya verano
ni realidad, ni vida
a mansalva, y la lengua
ya tonta de decir «adiós», «adiós»,
y el sol ladrón y huido,
y esas torres de húmeda
pólvora, de calibre
perdido, y yo con este aire de primero de junio
que hace ruido en mi pecho,
y los amigos... Mucho,
en poco tiempo mucho ha terminado.
Ya cuesta arriba o cuesta abajo,
hacia la plaza o hacia tu taller,
todo nos mira ahora
de soslayo, nos coge
fuera de sitio.
Nos da como vergüenza
vivir, nos da vergüenza
respirar, ver lo hermosa
que cae la tarde. Pero
por el ojo de todas las cerraduras del mundo
pasa tu llave y abre
familiar, luminosa,
y así entramos en casa
como aquel que regresa de una cita cumplida.

Noche en el barrio

Nunca a tientas, así, como ahora, entra
por este barrio. Así, así, sin limosna,
sin tregua, entra, acorrala,
mete tu cruda forja
por estas casas. De una vez baja, abre
y cicatriza esta honda
miseria. Baja ahora que no hay nadie,
noche mía, no alejes, no recojas
tu infinito latir ávido. Acaba
ya de cernirte, acosa
de una vez a esta presa a la que nadie
quiere valer. Sólo oiga,
noche mía, después de tantos años,
el son voraz de tu horda luminosa
saqueando hasta el fondo
tanta orfandad, la agria pobreza bronca

de este bloque en silencio que está casi
en el campo y aloja
viva siembra vibrante. Desmantele
tu luz nuestra injusticia y nos la ponga
al aire, y la descarne,
y la sacuda, y la haga pegajosa
como esta tierra, y que nos demos cuenta
de que está aquí, a dos pasos. Protectora
nunca, sí con audacia.
Acusa. Y que la casta,
la hombría de alta cal, los sueños, la obra,
el armazón desnudo de la vida
se crispen.

Y estás sola,
tú, noche, enloquecida de justicia,
anonadada de misericordia,
sobre este barrio trémulo al que nadie
vendrá porque es la historia
de todos, pero al que tú siempre, en andas
y en volandas,
llevas, y traes, y hieres, y enamoras
sin que nadie lo sepa,
sin que nadie oiga el ruido
de tus inmensos pulsos, que desbordan.

II

Espuma

Miro la espuma, su delicadeza
que es tan distinta a la de la ceniza.
Como quien mira una sonrisa, aquella
por la que da su vida y le es fatiga
y amparo, miro ahora la modesta
espuma. Es el momento bronco y bello
del uso, el roce, el acto de la entrega
creándola. El dolor encarcelado
del mar se salva en fibra tan ligera;
bajo la quilla, frente al dique, donde
existe amor surcado, como en tierra
la flor, nace la espuma. Y es en ella
donde rompe la muerte, en su madeja
donde el mar cobra ser como en la cima
de su pasión el hombre es hombre, fuera
de otros negocios: en su leche viva.

A este pretil, brocal de la materia
que es manantial, no desembocadura,
me asomo ahora cuando la marea
sube, y allí naufrago, allí me ahogo
muy silenciosamente, con entera
aceptación, ileso, renovado
en las espumas imperecederas.

Viento de primavera

A Winifred Grillet

Ni aun el cuerpo resiste
tanta resurrección y busca abrigo
ante este viento que ya templa y trae
olor y nueva intimidad. Ya cuanto
fue hambre ahora es sustento. Y se aligera
la vida, y un destello generoso
vibra por nuestras calles. Pero sigue
turbia nuestra retina y la saliva
seca, y los pies van a la desbandada,
como siempre. Y entonces,
esta presión fogosa que nos trae
el cuerpo aún frágil de la primavera,
ronda en torno al invierno
de nuestro corazón, buscando un sitio
por donde entrar en él. Y aquí, a la vuelta
de la esquina, al acecho,

en feraz merodeo,
nos ventea la ropa,
nos orea el trabajo,
barre la casa, engrasa nuestras puertas
duras de oscura cerrazón, las abre
a no sé qué hospitalidad hermosa
y nos desborda y, aunque
nunca nos demos cuenta
de tanta juventud, de lleno en lleno
nos arrasa. Sí, a poco
del sol salido, un viento ya gustoso,
sereno de simiente, sopló en torno
de nuestra sequedad, de la injusticia
de nuestros años, alentó para algo
más hermoso que tanta
desconfianza y tanto desaliento,
más valiente que nuestro
miedo a su honda rebelión, a su alta
resurrección. Y ahora
yo, que perdí mi libertad por todo,
quiero oír cómo el pobre
ruido de nuestro pulso se va a rastras
tras el cálido son de esta alianza
y ambos hacen la música
arrolladora, sin compás, a sordas,
por la que sé que llegará algún día,
quizá en medio de enero, en el que todos
sepamos el porqué del nombre: «viento
de primavera».

Gorrión

No olvida. No se aleja
este granuja astuto
de nuestra vida. Siempre
de prestado, sin rumbo,
como cualquiera, aquí anda,
se lava aquí, tozudo,
entre nuestros zapatos.
¿Qué busca en nuestro oscuro
vivir? ¿Qué amor encuentra
en nuestro pan tan duro?
Ya dio al aire a los muertos
este gorrión que pudo
volar pero aquí sigue,
aquí abajo, seguro,
metiendo en su pechuga
todo el polvo del mundo.

Lluvia y gracia

Desde el autobús, lleno
de labriegos, de curas y de gallos,
al llegar a Palencia,
veo a ese hombre.
Comienza a llover fuerte, casi arrecia
y no le va a dar tiempo
a refugiarse en la ciudad. Y corre
como quien asesina. Y no comprende
el castigo del agua, su sencilla
servidumbre; tan sólo estar a salvo
es lo que quiere. Por eso no sabe
que le crece como un renuevo fértil
en su respiración acelerada,
que es cebo vivo, amor ya sin remedio,
cantera rica. Y, ante la sorpresa
de tal fecundidad,
se atropella y recela;

siente, muy en lo oscuro, que está limpio
para siempre pero él no lo resiste;
y mira, y busca, y huye,
y, al llegar a cubierto,
entra mojado y libre, y se cobija,
y respira tranquilo en su ignorancia
al ver cómo su ropa
poco a poco se seca.

Girasol

Esta cara bonita,
este regazo que fue flor y queda
tan pronto encinta y yo lo quiero, y ahora
me lo arrimo, y me entra
su luminosa rotación sencilla,
su danza que es cosecha,
por el alma esta tarde
de septiembre, de buena
ventura porque ahora tú, valiente
girasol de tan ciega
mirada, tú me hacías mucha falta
con tu postura de perdón tras esa
campaña soleada
de altanería, a tierra
la cabeza, vencida
por tanto grano, tan loca empresa.

Mala puesta

La luz entusiasmada de conquista
pierde confianza ahora,
trémula de impotencia y no se sabe
si es de tierra o de cielo. Se despoja
de su íntima ternura
y se retira lenta. ¿Qué limosna
sin regocijo? ¿Qué reposo seco
nos trae la tarde? ¿Qué misericordia
deja este sol de un grana desvaído?
¿Quién nos habló de la honda
piedad del cielo? Aún quedan
restos de la audaz forja
de la luz pero pocas
nuevas nos vienen de la vida: un ruido,
algún olor mal amasado, esta hosca
serenidad de puesta, cuando

lejos están los campos y aún más lejos
el fuego del hogar, y esta derrota
nuestra por cobardía o arrogancia,
por inercia o por gloria
como la de esta luz ya sin justicia
ni rebelión, ni aurora.

Dinero

¿Venderé mis palabras hoy que carezco de
utilidad, de ingresos, hoy que nadie me fía?
Necesito dinero para el amor, pobreza
para amar. Y el precio de un recuerdo, la subasta
de un vicio, el inventario de un deseo,
dan valor, no virtud, a mis necesidades,
amplio vocabulario a mis torpezas,
licencia a mi caliza
soledad. Porque el dinero, a veces, es el propio
sueño, es la misma
vida. Y su triunfo, su monopolio, da fervor,
cambio, imaginación, quita vejez y abre
ceños y multiplica los amigos,
y alza faldas y es miel
cristalizando luz, calor. No plaga, lepra
como hoy; alegría,

no frivolidad; ley,
no impunidad. ¿Voy a vender, entonces,
estas palabras? Rico de tanta pérdida,
sin maniobras, sin bolsa, aun sin tentación
y aun sin ruina dorada, ¿a qué la madriguera
de estas palabras que si dan aliento
no dan dinero? ¿Prometen pan o armas?
¿O bien, como un balance mal urdido,
intentan ordenar un tiempo de carestía,
dar sentido a una vida: propiedad o desahucio?

Yo quiero ver qué arrugas
oculta esta doncella
máscara. Qué ruin tiña,
qué feroz epidemia
cela el rostro inocente
de cada copo. Escenas
sin vanidad se cubren
con andamiajes, trémulas
escayolas, molduras
de un instante. Es la feria
de la mentira: ahora
es mediodía en plena
noche, y se cicatriza
la eterna herida abierta
de la tierra y las casas
lucen con la cal nueva

que revoca sus pobres
fachadas verdaderas.

La nieve, tan querida
otro tiempo, nos ciega,
no da luz. Copo a copo,
como ladrón, recela
al caer. Cae temblando,
cae sin herirse apenas
con nuestras cosas diarias.
Tan sin dolor, su entrega
es crueldad. Cae, cae,
hostil al canto, lenta,
bien domada, bien dócil,
como sujeta a riendas
que nunca se aventuran
a conquistar. No riega
sino sofoca, ahoga
dando no amor, paciencia.

Y borró los caminos.
Y tú dices: «despierta,
que amanece». (Y es noche
muy noche.) Dices: «cierra,
que entra sol». Y no quiero
perder de nuevo ante esta
nevada. No, no quiero
mentirte otra vez. Tengo
que alzarle la careta
a este rostro enemigo
que me finge a mi puerta
la inocencia que vuelve
y el pie que deja huella.

Frente al mar

Desde «Las Mayoas». Ibiza.
A Carlos Bousoño

Transparente quietud. Frente a la tierra
rojiza, desecada hasta la entraña,
con aridez que es ya calcinación,
se abre el Mediterráneo. Hay pino bajo,
sabinas, pitas, y crece el tomillo
y el fiel romero tan austeramente
que apenas huelen si no es a salitre.
Quema la tramontana. Cae la tarde.
Verdad de sumisión, de entrega, de
destronamientos, desmoronamientos
frente al mar azul puro que en la orilla
se hace verde esmeralda. Vieja y nueva
erosión. Placas, láminas, cornisas,
acantilados y escolleras, ágil
bisel, estría, lucidez de roca
de milenaria permanencia. Aquí

la verdad de la piedra, nunca muda
sino en interna reverberación,
en estremecimiento de cosecha
perenne dando su seguro oficio,
su secreta ternura sobria junto
al mar que es demasiada criatura,
demasiada hermosura para el hombre.
Antiguo mar latino que hoy no canta,
dice apenas, susurra, prisionero
de su implacable poderío, con
pulsación de sofoco, sin oleaje,
casi en silencio de clarividencia
mientras el cielo se oscurece y llega,
maciza y seca, la última ocasión
para amar. Entre piedras y entre espumas,
¿qué es rendición y qué supremacía?
¿Qué nos serena, qué nos atormenta:
el mar terso o la tierra desolada?

Ciudad de meseta

Como por estos sitios
tan sano aire no hay pero no vengo
a curarme de nada.
Vengo a saber qué hazaña
vibra en la luz, qué rebelión oscura
nos arrasa hoy la vida.
Aquí ya no hay banderas,
ni murallas, ni torres, como si ahora
pudiera todo resistir el ímpetu
de la tierra, el saqueo
del cielo. Y se nos barre
la vista, es nuestro cuerpo
mercado franco, nuestra voz vivienda
y el amor y los años
puertas para uno y para mil que entrasen.
Sí, tan sin suelo siempre,
cuando hoy andamos por las viejas calles

el talón se nos tiñe
de uva nueva y oímos
desbordar bien sé qué aguas
el rumoroso cauce del oído.

Es la alianza: este aire
montaraz con tensión de compañía.
Y a saber qué distancia
hay de hombre a hombre, de una vida a otra,
qué planetaria dimensión separa
dos latidos, qué inmensa lejanía
hay entre dos miradas
o de la boca al beso.
¿Para qué tantos planos
sórdidos, de ciudades bien trazadas
junto a ríos, fundadas
en la separación, en el orgullo
roquero?
Jamás casas: barracas,
jamás calles: trincheras,
jamás jornal: soldada.
¿De qué han servido tanta
plaza fuerte, hondo foso, recia almena,
amurallado cerco?
El temor, la defensa,
el interés y la venganza, el odio,
la soledad: he aquí lo que nos hizo
vivir en vecindad, no en compañía.
Tal es la cruel escena
que nos dejaron por herencia. Entonces,
¿cómo fortificar aquí la vida
si ella es sólo alianza?

Heme ante tus murallas,
fronteriza ciudad a la que siempre
el cielo sin cesar desasosiega.
Vieja ambición que ahora
sólo admira el turista o el arqueólogo
o quien gusta de timbres y blasones.
Esto no es monumento
nacional sino luz de alta planicie,
aire fresco que riega el pulmón árido
y lo ensancha y lo hace
total entrega renovada, patria
a campo abierto. Aquí no hay costas, mares,
norte ni sur; aquí todo es materia
de cosecha. Y si dentro
de poco llega la hora de la ida,
adiós al fuerte anillo
de aire y oro de alianza, adiós al cerro
que no es baluarte sino compañía,
adiós a tantos hombres
hasta hoy sin rescate. Porque todo
se rinde en derredor y no hay fronteras,
ni distancia, ni historia.
Sólo el voraz espacio y el relente de octubre
sobre estos altos campos
de nuestra tierra.

III

Un suceso

Bien est verté que j'ai amé
et ameroie voulentiers...

François Villon

Tal vez, valiendo lo que vale un día,
sea mejor que el de hoy acabe pronto.
La novedad de este suceso, de esta
muchacha casi niña pero de ojos
bien sazonados ya y de carne a punto
de miel, de andar menudo, con su moño
castaño claro, su tobillo hendido
tan armoniosamente, con su airoso
pecho que me deslumbra más que nada
la lengua... Y no hay remedio, y la hablo ronco
como la gaviota, a flor de labio
(de mi boca gastada), y me emociono
disimulando ciencia e inocencia
como quien no distingue un abalorio
de un diamante, y la hablo de detalles

de mi vida, y la voz se me va, y me oigo
y me persigo, muy desconfiado
de mi estudiada habilidad, y pongo
cuidado en el aliento, en la mirada
y en las manos, y casi me perdono
al sentir tan preciosa libertad
cerca de mí. Bien sé que esto no es sólo
tentación. Cómo renuncio a mi deseo
ahora. Me lastimo y me sonrojo
junto a esta muchacha a la que hoy amo,
a la que hoy pierdo, a la que muy pronto
voy a besar muy castamente sin que
sepa que en ese beso va un sollozo.

En invierno es mejor un cuento triste

Conmigo tú no tengas
remordimiento, madre. Yo te doy lo único
que puedo darte ahora: si no amor,
sí reconciliación. Ya sé el fracaso,
la victoria que cabe
en un cuerpo. El caer, el arruinarse
de tantos años contra el pedernal
del dolor, el huir
con leyes a mansalva
que me daban razón, un cruel masaje
para alejarme de ti; historias
de dinero y de catres,
de alquileres sin tasa,
cuando todas mis horas eran horas de lobo,
cuando mi vida fue estar al acecho
de tu caída, de tu

herida, en la que puse,
si no el diente, tampoco
la lengua,
me dan hoy el tamaño
de mi pecado.

Sólo he crecido en esqueleto: mírame.
Asómate como antes
a la ventana. Tú no pienses nunca
en esa caña cruda que me irguió
hace dieciséis años. Tú ven, ven,
mira qué clara está la noche ahora,
mira que yo te quiero, que es verdad,
mira cómo donde hubo
parcelas hay llanuras,
mira a tu hijo que vuelve
sin camino y sin manta, como entonces,
a tu regazo con remordimiento.

Cielo

Ahora necesito más que nunca
mirar al cielo. Ya sin fe y sin nadie,
tras este seco mediodía, alzo
los ojos. Y es la misma verdad de antes
aunque el testigo sea distinto. Riesgos
de una aventura sin leyendas ni ángeles,
ni siquiera ese azul que hay en mi patria.
Vale dinero respirar el aire,
alzar los ojos, ver sin recompensa,
aceptar una gracia que no cabe
en los sentidos pero les da nueva
salud, los aligera y puebla. Vale
por mi amor este don, esta hermosura
que no merezco ni merece nadie.
Hoy necesito el cielo más que nunca.
No que me salve, sí que me acompañe.

Ajeno

Largo se le hace el día a quien no ama
y él lo sabe. Y él oye ese tañido
corto y duro del cuerpo, su cascada
canción, siempre sonando a lejanía.
Cierra su puerta y queda bien cerrada;
sale y, por un momento, sus rodillas
se le van hacia el suelo. Pero el alba,
con peligrosa generosidad,
le refresca y le yergue. Está muy clara
su calle y la pasea con pie oscuro,
y cojea en seguida porque anda
sólo con su fatiga. Y dice aire:
palabras muertas con su boca viva.
Prisionero por no querer abraza
su propia soledad. Y está seguro,
más seguro que nadie porque nada

poseerá; y él bien sabe que nunca
vivirá aquí, en la tierra. A quien no ama,
¿cómo podemos conocer o cómo
perdonar? Día largo y aún más larga
la noche. Mentirá al sacar la llave.
Entrará. Y nunca habitará su casa.

Hacia un recuerdo

Bien sé yo cómo luce
la flor por la Sanabria,
cerca de Portugal, en tierras pobres
de producción y de consumo
mas de gran calidad de trigo y trino.
No es el recuerdo tuyo. Hoy es tan sólo
la empresa, la aventura,
no la memoria lo que busco. Es esa
tensión de la distancia,
el fiel kilometraje. No, no quiero
la duración, la garantía de una
imagen, hoy holgada y ya mañana
fruncida. Quiero ver aquel terreno,
pisar la ruta inolvidable, oír
el canto de la luz aquella, ver
cómo el amor, las lluvias

tempranas hoy han hecho
estos lodos, vivir
esa desenvoltura de la brisa
que allí corre. No, hoy no
lucho ya con tu cuerpo
sino con el camino que a él me lleva.
Quiero que mis sentidos,
sin ti, me sigan siendo de provecho.
Entre una parada
y otra saludar a aquellos hombres
para ver lo que soy capaz de dar
y capaz de aceptar,
para ver qué desecho
qué es lo que aún me es útil,
entrar en las ciudades, respirar
con aliento natal en ellas sean
las que fueren. No busco
masticar esa seca
tajada del recuerdo,
comprar esa quincalla, urdir tan pobre
chapuza. Busco el sitio, la distancia,
el hormigón vibrado y tenso, la única
compañía gentil, la que reúne
tanta vida dispersa. No tan sólo
tu carne que ahora ya arde como estopa
y de la que soy llama,
sino el calibre puro, el área misma
de tu separación y de la tierra.
De aquella tierra donde el sol madura
lo que no dura.

Un momento

Acostumbrados a los días, hechos
a su oscuro aposento palmo a palmo,
¿a qué nos viene ahora
este momento? Quién iba a esperarlo
y menos hoy aún lunes y tan lejos
de la flor del jornal. Y, sin embargo,
más que otras veces ahora es tan sencillo
hacer amigos. Basta un gesto llano
y esta región inmensa y sin conquista
que es el hombre, héla: nuestra. Tras tanto
concierto de cuartel he aquí la música
del corazón por un momento. Algo
luce tan de repente que nos ciega
pero sentimos que no luce en vano.
Acostumbrados a los días como
a la respiración, suena tan claro

este momento en nuestra sorda vida
que, ¿qué hay que hacer, si aún están los labios
sucios para besar, si aún están fríos
nuestros brazos?
¿Dónde, dónde hay que ir? ¿Fuera de casa
o aquí, aquí, techo abajo?

Ahora ya o todo o nada. De mí, de estos
amigos, de esta luz que no da abasto
para tanto vivir, de nuestros días
idos, de nuestro tiempo acribillado,
hay que sacar la huella aunque sea un trazo
tan sólo, un manchón lóbrego
de sombrío pulgar, aunque sea al cabo
por un momento, éste de ahora, y nadie
jamás sea su amo
mientras, luz en la luz, se nos va. Y vuelve,
vuelve lo acostumbrado.

Hoy con el viento del Norte
me ha venido aquella historia.
Mal andaban por entonces
mis pies y peor mi boca
en aquella ciudad de hosco
censo, de miseria y de honra.
Entre la vieja costumbre
de rapiña y de lisonja,
de pobre encuesta y de saldo
barato, iba ya muy coja
mi juventud. ¿Por qué lo hice?
Me avergüenzo de mi boca
no por aquellas palabras
sino por aquella boca
que besó. ¿Qué tiempo hace
de ello? ¿Quién me lo reprocha?

Un sabor a almendra amarga
queda, un sabor a carcoma;
sabor a traición, a cuerpo
vendido, a caricia pocha.
Ojalá el tiempo tan sólo
fuera lo que se ama. Se odia
y es tiempo también. Y es canto.
Te odié entonces y hoy me importa
recordarte, verte enfrente
sin que nadie nos socorra
y amarte otra vez y odiarte
de nuevo. Te beso ahora
y te traiciono ahora sobre
tu cuerpo. ¿Quién no negocia
con lo poco que posee?
Si ayer fue venta hoy es compra;
mañana, arrepentimiento.
No es la sola hora la aurora.

Adiós

Cualquier cosa valiera por mi vida
esta tarde. Cualquier cosa pequeña
si alguna hay. Martirio me es el ruido
sereno, sin escrúpulos, sin vuelta,
de tu zapato bajo. ¿Qué victorias
busca el que ama? ¿Por qué son tan derechas
estas calles? Ni miro atrás ni puedo
perderte ya de vista. Esta es la tierra
del escarmiento: hasta los amigos
dan mala información. Mi boca besa
lo que muere, y lo acepta. Y la piel misma
del labio es la del viento. Adiós. Es útil,
normal este suceso, dicen. Queda
tú con las cosas nuestras, tú, que puedes,
que yo me iré donde la noche quiera.

Noche abierta

Bienvenida la noche para quien va seguro
y con los ojos claros mira sereno el campo,
y con la vida limpia mira con paz el cielo,
su ciudad y su casa, su familia y su obra.

Pero a quien anda a tientas y ve sombra, ve el duro
ceño del cielo y vive la condena de su tierra
y la malevolencia de sus seres queridos,
enemiga es la noche y su piedad acoso.

Y aún más en este páramo de la alta Rioja
donde se abre con tanta claridad que deslumbra,
palpita tan cercana que sobrecoge y muy
en el alma se entra, y la remueve a fondo.

Porque la noche siempre, como el fuego, revela,
refina, pule el tiempo, la oración y el sollozo,
da tersura al pecado, limpidez al recuerdo,
castigando y salvando toda una vida entera.

Bienvenida la noche con su peligro hermoso.

Como el son de las hojas del álamo

El dolor verdadero no hace ruido.
Deja un susurro como el de las hojas
del álamo mecidas por el viento,
un rumor entrañable, de tan honda
vibración, tan sensible al menor roce,
que puede hacerse soledad, discordia,
injusticia o despecho. Estoy oyendo
su murmurado son que no alborota
sino que da armonía, tan buido
y sutil, tan timbrado de espaciosa
serenidad, en medio de esta tarde,
que casi es ya cordura dolorosa,
pura resignación. Traición que vino
de un ruin consejo de la seca boca
de la envidia. Es lo mismo. Estoy oyendo
lo que me obliga y me enriquece a costa

de heridas que aún supuran. Dolor que oigo
muy recogidamente como a fronda
mecida sin buscar señas, palabras
o significación. Música sola,
sin enigmas, son solo que traspasa
mi corazón, dolor que es mi victoria.

Un olor

¿Qué clara contraseña
me ha abierto lo escondido? ¿Qué aire viene
y con delicadeza cautelosa
deja en el cuerpo su honda carga y toca
con tino vehemente ese secreto
quicio de los sentidos donde tiembla
la nueva acción, la nueva
alianza? Da dicha
y ciencia este suceso. Y da aventura
en medio de hospitales,
de bancos y autobuses a la diaria
rutina. Ya han pasado
los años y aún no puede
pagar todas sus deudas
mi juventud. Pero ahora
este tesoro, este

olor, que es mi verdad,
que es mi alegría y mi arrepentimiento,
me madura y me alza.

Olor a sal, a cuero y a canela,
a lana burda y a pizarra, acaso
algo ácido, transido
de familiaridad y de sorpresa.
¿Qué materia ha cuajado
en la ligera ráfaga que ahora
trae lo perdido y trae
lo ganado, trae tiempo
y trae recuerdo y trae
libertad y condena?
Gracias doy a este soplo
que huele a un cuerpo amado y a una tarde
y a una ciudad, a este aire
íntimo de erosión que cala a fondo
y me trabaja silenciosamente
dándome aroma y tufo.
A este olor que es mi vida.

Sin leyes

Ya cantan los gallos
amor mío. Vete:
cata que amanece.

Anónimo

En esta cama donde el sueño es llanto,
no de reposo, sino de jornada,
nos ha llegado la alta noche. ¿El cuerpo
es la pregunta o la respuesta a tanta
dicha insegura? Tos pequeña y seca,
pulso que viene fresco ya y apaga
la vieja ceremonia de la carne
mientras no quedan gestos ni palabras
para volver a interpretar la escena
como noveles. Te amo. Es la hora mala
de la cruel cortesía. Tan presente
te tengo siempre que mi cuerpo acaba
en tu cuerpo moreno por el que una
vez más me pierdo, por el que mañana
me perderé. Como una guerra sin
héroes, como una paz sin alianzas,

ha pasado la noche. Y yo te amo.
Busco despojos, busco una medalla
rota, un trofeo vivo de este tiempo
que nos quieren robar. Estás cansada
y yo te amo. Es la hora. ¿Nuestra carne
será la recompensa, la metralla
que justifique tanta lucha pura
sin vencedores ni vencidos? Calla,
que yo te amo. Es la hora. Entra ya un trémulo
albor. Nunca la luz fue tan temprana.

Amanecida

Dentro de poco saldrá el sol. El viento,
aún con su fresca suavidad nocturna,
lava y aclara el sueño y da viveza,
incertidumbre a los sentidos. Nubes
de pardo ceniciento, azul turquesa,
por un momento traen quietud, levantan
la vida y engrandecen su pequeña
luz. Luz que pide, tenue y tierna, pero
venturosa, porque ama. Casi a medio
camino entre la noche y la mañana,
cuando todo me acoge, cuando hasta
mi corazón me es muy amigo, ¿cómo
puedo dudar, no bendecir el alba
si aún en mi cuerpo hay juventud y hay
en mis labios amor?

Déjame que te hable en esta hora
de dolor con alegres
palabras. Ya se sabe
que el escorpión, la sanguijuela, el piojo,
curan a veces. Pero tú oye, déjame
decirte que, a pesar
de tanta vida deplorable, sí,
a pesar y aun ahora
que estamos en derrota, nunca en doma,
el dolor es la nube,
la alegría, el espacio,
el dolor es el huésped,
la alegría, la casa.
Que el dolor es la miel,
símbolo de la muerte, y la alegría
es agria, seca, nueva,

lo único que tiene
verdadero sentido.
Déjame que con vieja
sabiduría, diga:
a pesar, a pesar
de todos los pesares
y aunque sea muy dolorosa y aunque
sea a veces inmunda, siempre, siempre
la más honda verdad es la alegría.
La que de un río turbio
hace aguas limpias,
la que hace que te diga
estas palabras tan indignas ahora,
la que nos llega como
llega la noche y llega la mañana,
como llega a la orilla
la ola:
irremediablemente.

Una luz

Esta luz cobre, la que más me ayuda
en tareas de amor y de sosiego,
me saca fuerzas de flaqueza. Este
beneficio que de vicioso aliento
hace rezo, cariño de lascivia,
y alza de la ceniza llama, y da
a la sal alianza; estos minutos
que protegen, montan y ensamblan treinta
años, poniendo en ellos sombra y mimo,
perseverancia y humildad y agudo
sacrificio, esta gracia, esta hermosura,
esta tortura que me da en la cara,
luz tan mía, tan fiel siempre y tan poco
duradera, por la que sé que soy
sencillo de reseña, por la que ahora
vivo sin andamiajes, sin programas,

sin repertorios. A esta luz yo quiero,
de tan cárdena, cobre. Luz que toma
cuerpo en mí, tiempo en mí, luz que es mi vida
porque me da la vida: lo que pido
para mi amor y para mi sosiego.

Un bien

A veces, mal vestido un bien nos viene;
casi sin ropa, sin acento, como
de una raza bastarda. Y cuando llega
tras tantas horas deslucidas, pronto
a dar su gracia, no sabemos nunca
qué hacer ni cómo saludar ni cómo
distinguir su hacendoso laboreo
de nuestra poca maña. ¿Estamos sordos
a su canción tan susurrada, pobre
de notas? Quiero ver, pedirte ese oro
que cae de tus bolsillos y me paga
todo el vivir, bien que entras silencioso
en la esperanza, en el recuerdo, por
la puerta de servicio, y eres sólo
el temblor de una hoja, el dar la mano
con fe, la levadura de estos ojos

a los que tú haces ver las cosas claras,
lejanas de su muerte, sin el moho
de su destino y su misterio. Pisa
mi casa al fin, recórrela, que todo
te esperaba. Yo quiero que tu huella
pasajera, tu visitarme hermoso,
no se me vayan más, como otras veces
que te volví la cara en un otoño
cárdeno, como el de hoy, y te dejaba
morir en tus pañales luminosos.

IV

Oda a la niñez

I

¿Y esta es tu bienvenida,
marzo, para salir de casa alegres:
con viento húmedo y frío de meseta?
Siempre ahora, en la puerta,
y aún a pesar nuestro, vuelve, vuelve
este destino de niñez que estalla
por todas partes: en la calle, en esta
voraz respiración del día, en la
sencillez del primer humo sabroso,
en la mirada, en cada laboreo
del hombre.
Siempre así, de vencida,
sólo por miedo a tal castigo, a tal

combate, ahora hacemos
confuso vocerío por ciudades,
por fábricas, por barrios
de vecindad. Mas tras la ropa un tiemblo
nos tañe y al salir por tantas calles
sin piedad y sin bulla
rompen claras escenas
de amanecida y tantos
sucios ladrillos sin salud se cuecen
de intimidad de lecho y guiso. Entonces,
nada hay que nos aleje
de nuestro hondo oficio de inocencia;
entonces, ya en faena,
cruzamos esta plaza con pie nuevo
y, aun entre la ventisca, como si en junio fuera,
se abre nuestro pulmón trémulo de alba
y, como a mediodía,
ricos son nuestros ojos
de oscuro señorío.

II

Muchos hombres pasaron junto a nosotros, pero
no eran de nuestro pueblo.
Arrinconadas vidas dejan por estos barrios,
ellos, que eran el barrio sin murallas.
Miraron, y no vieron; ni verdad ni mentira
sino vacía bagatela
desearon, vivieron. Culpa ha sido
de todos el que oyesen
tan sólo el ciego pulso

de la injusticia, la sangrienta marcha
del casco frío del rencor. La puesta
del sol fue sólo puesta
del corazón. ¿Qué hacen ahí las palmas
de esos balcones sin el blanco lazo
de nuestra honda orfandad? ¿Qué este mercado
por donde paso ahora,
los cuarteles, las fábricas, las nubes,
la vida, el aire, todo,
sin la borrasca de nuestra niñez
que alza ola para siempre?
Siempre al salir pensamos
en la distancia, nunca
en la compañía. Y cualquier sitio es bueno
para hacer amistades.
Aunque hoy es peligroso. Mucho polvo
entre los pliegues de la propaganda
hay. Cuanto antes
lleguemos al trabajo, mejor. Mala
bienvenida la tuya, marzo. Y nuestras calles,
claras como si dieran a los campos,
¿adónde dan ahora? ¿Por qué todo es infancia?
Mas ya la luz se amasa,
poco a poco enrojece, el viento templa
y en sus cosechas vibra
un grano de alianza, un cabeceo
de los inmensos pastos del futuro.

III

Una verdad se ha dicho sin herida,
sin el negocio sucio
de las lágrimas,
con la misma ternura con que se da la nieve.
Ved que todo es infancia.
La fidelidad de la tierra,
la presencia del cielo insoportable
que se nos cuela aquí, hasta en la cazalla
mañanera, los días
que amanecen con trinos y anochecen
con gárgaras, el ruido
del autobús que por fin llega, nuestras
palabras que ahora,
al saludar, quisieran
ser panales y son
telas de araña, nuestra
violencia hereditaria,
la droga del recuerdo, la alta estafa del tiempo,
la dignidad del hombre
que hay que abrazar y hay
que ofrecer y hay
que salvar aquí mismo,
en medio de esta lluvia fría de marzo...
Ved que todo es infancia:
la verdad que es silencio para siempre.
Años de compra y venta,
hombres llenos de precios,
los pregones sin voz, las turbias bodas,
nos trajeron el miedo a la gran aventura
de nuestra raza, a la niñez. Ah, quietos,

quietos bajo ese hierro
que nos marca, y nos sana, y nos da amo.
Amo que es servidumbre, bridas que nos hermanan.

IV

Y nos lo quitarán todo
menos estas
botas de siete leguas.
Aquí, aquí, bien calzadas
en nuestros sosos pies de paso corto.
Aquí, aquí, estos zapatos
diarios, los de la ventana
del seis de enero.
Y nos lo quitarán todo
menos el traje sucio
de comunión, éste, el de siempre, el puesto.
Lo de entonces fue sueño. Fue una edad. Lo de ahora
no es presente o pasado,
ni siquiera futuro: es el origen.
Esta es la única hacienda
del hombre. Y cuando estamos
llegando y ya la lluvia
zozobra en nubes rápidas y se hunde
por estos arrabales
trémula de estertores luminosos,
bajamos la cabeza
y damos gracias sin saber qué es ello,
qué es lo que pasa, quién a sus maneras
nos hace, qué herrería,
qué inmortal fundición es esta. Y nadie,

nada hay que nos aleje
de nuestro oficio de felicidad
sin distancia ni tiempo.
Es el momento ahora
en el que, quién lo diría, alto, ciego, renace
el sol primaveral de la inocencia,
ya sin ocaso sobre nuestra tierra.

Oda a la hospitalidad

I

En cualquier tiempo y en cualquier terreno
siempre hay un hombre que
anda tan vagabundo como el humo,
bienhechor, malhechor,
bautizado con la agria
leche de nuestras leyes. Y él encuentra
su salvación en
la hospitalidad.
Como la ropa atrae a la polilla,
como el amor a toda
su parentela de lujuria y gracia,
de temor y de dicha,
así una casa le seduce. Y no
por ser panal o ancla

sino por ese oscuro
divorcio entre el secuestro de sus años,
la honda cautividad del tiempo ido
ahí, entre las paredes,
y su maltrecha libertad de ahora.
Forastero, ve cómo
una vieja mentira se hace una verdad nueva.
Ve el cuerpo del engaño
y lo usa: esa puerta
que, al abrirse, rechina
con cruel desconfianza, con amargo reproche;
esa ventana donde
la flor quemada del almendro aún deja
primavera, y le es muro,
y su cristal esclavitud, las tejas
ya sin musgo ni fe,
el mobiliario de diseño tan
poco amigo, la loza
fría y rebelde cuando
antes le fue recreo y muchas veces
hasta consuelo, el cuarto familiar
de humildad agresiva, recogiendo,
malogrando
lo que una boca muy voluble y muy
dolorosa, hace años
pronunció, silenció, besó... Esta es la lucha, este
es el tiempo, el terreno
donde él ha de vencer si es que no busca
recuerdos y esperanzas
tan sólo. Si es que busca
fundación, servidumbre.

II

Y hoy, como la lluvia
lava la hoja, esta mañana clara,
tan abrileña prematuramente,
limpia de polvo y de oropeles tanto
tiempo, y germina y crea
casi un milagro de hechos y sucesos,
y remacha y ajusta
tanta vida ambulante, tanta fortuna y fraude
a través de los días
purificando rostros y ciudades,
dando riqueza a una menesterosa
juventud, preparando,
situando el vivir. ¿Mas alguien puede
hacer de su pasado
simple materia de revestimiento:
cera, laca, barniz, lo que muy pronto
se marchita, tan pronto
como la flor del labio?
¿O bien ha de esperar a estar con esos
verdaderos amigos, los que darán sentido
a su vida, a su tierra y a su casa?

III

Es la hospitalidad. Es el origen
de la fiesta y del canto.
Porque el canto es tan sólo
palabra hospitalaria: la que salva
aunque deje la herida. Y el amor es tan sólo

herida hospitalaria, aunque no tenga cura,
y la libertad cabe
en una humilde mano hospitalaria,
quizá dolida y trémula
mas fundadora y fiel, tendida en servidumbre
y en confianza, no en
sumisión o dominio.
A pesar de que hagamos
de convivencia técnicas
de opresión y medidas
de seguridad y
de la hospitalidad hospicios, siempre
hay un hombre sencillo y una mañana clara,
con la alta transparencia de esta tierra,
y una casa, y una hora
próspera. Y este hombre
ve en torno de la mesa
a sus seres queridos. No pregunta
sino invita, no enseña
vasos de pesadumbre ni vajilla de plata.
Apenas habla y menos
de su destierro.
Lo que esperó lo encuentra
y lo celebra, lejos
el incienso y la pólvora,
aquel dinero, aquel resentimiento.
Ahora su patria es esta generosa
ocasión y, sereno,
algo medroso ante tal bien, acoge
y nombra, uno por uno,
a sus amigos sin linaje, de
nacimiento. Ya nunca

forastero, en familia,
no con docilidad, con aventura,
da las gracias muy a solas,
como mendigo. Y sabe,
comprende al fin. Y mira alegremente,
con esa intimidad de la llaneza
que es la única eficacia,
los rostros y las cosas,
la verdad de su vida
recién ganada aquí, entre las paredes
de una juventud libre y un hogar sin fronteras.

Índice

I

II

III

IV

Ultimos títulos publicados

1534 Iris M. Zavala:
El bolero. Historia de un amor

1535 Maguelonne Toussaint-Samat:
Historia natural y moral de los alimentos
7. El azúcar, el chocolate, el café y el té

1536 Tommaso Campanella:
La política

1537 E. M. Dostoyevski:
Apuntes del subsuelo

1538 Bernard Pellequer:
Guía del cielo

1539 Michael Eckert y Helmut Schubert:
Cristales, electrones, transistores

1540 Fernando Vallespín (ed.):
Historia de la teoría política, 3

1541 Juan Valera
La ilusiones del doctor Faustino

1542 R. M. Hare:
Platón

1543 Eduardo Battaner:
Planetas

1544 Maguelonne Toussaint-Samat:
Historia natural y moral de los alimentos
8. Las frutas y las verduras

1545 Medardo Fraile:
Cuentos completos

1546 Aileen Serrano y M.ª Carmen Arce:
ABC de las tragedias domésticas

1547 Cicerón:
Discursos cesarianos

1548 Mariano Mataix:
Ludopatía matemática

1549 Martin Gardner:
El ahorcamiento inesperado

1550 Manuel Lucena:
Simón Bolívar

1551 Bertolt Brecht
Narrativa completa, 4
La novela de los tuis

1552, 1553 San Juan de la Cruz:
Obra completa
Edición de Luce López-Baralt y Eulogio Pacho

1554 Ken Richardson:
Para comprender la psicología

1555 Martin Rady:
Carlos V

1556 Carlos García del Cerro y Manuel Arroyo:
101 quesos magistrales

1557 Royston M. Roberts:
Serendipia
Descubrimientos accidentales en la ciencia

1558 David J. Melling:
Introducción a Platón

1559 Maguelonne Toussaint-Samat:
Historia natural y moral de los alimentos
9. Las conservas, los congelados y la dietética

1560 Leon Edel:
Bloomsbury
Una guarida de leones

1561 John Gribbin:
El agujero del cielo

1562 François Rabelais:
Gargantúa

1563 Dionisio de Halicarnaso:
Tres ensayos de crítica literaria

1564 Jennifer J. Ashcroft y J. Barrie Ashcroft:
Cómo adelgazar y mantenerse delgado

1565 Elie Faure:
Historia del arte, 5

1566 Francisco Páez de la Cadena:
El libro del bonsai

1567 Ramiro A. Calle:
El libro de la relajación, la respiración y el estiramiento

1568 Rubén Darío:
Prosas profanas

1569 Bertolt Brecht:
Teatro completo, 5

1570 Emrys Jones:
Metrópolis

1571 Daniel Tapia:
Historia del toreo, 1

1572, 1573 Carlos Abellá:
Historia del toreo, 2 y 3

1574 Ramón Casilda Béjar:
Sistema financiero español

1575 Augusto M. Torres:
El cine norteamericano en 120 películas

1576 Fernando Vallespín (ed.):
Historia de la teoría política, 4

1577 Camilo José Cela:
La colmena

1578 Patricia Highsmith:
Pequeños cuentos misóginos

1579 Ignacio H. de la Mota
El libro del plátano

1580 Carlos García Gual:
Introducción a la mitología griega

1581 George Berkeley:
Tratado sobre los principios del conocimiento humano

1582 Mária Alemany:
Obesidad y nutrición

1583 M.ª del Carmen Zarzalejos:
El libro de la cocina iberoamericana

1584 Immanuel Kant:
Opúsculos de filosofía natural

1585, 1586 Antología crítica del cuento hispanoamericano del siglo XX, 1, 2
Selección de José Miguel Oviedo

1587 Zygmunt Bauman:
Libertad

1588, 1589 Juan García Hortelano:
Cuentos completos, 1, 2

1590 Juan Carlos Sanz:
El libro del color

1591 Michael Argyle:
La psicología de la felicidad

1592 Leonardo Sciascia:
A cada cual lo suyo

1593 Ramón Llul:
Libro de la Orden de Caballería

1594 John Lenihan:
Las migajas de la creación

1595, 1596 Tito Livio:
Historia de Roma, 1, 2

1597 Anthony Arblaster:
Democracia

1598 Enrique Cornelo Agrippa:
Filosofía oculta
Magia Natural

1599 G. W. Leibniz:
Nuevos ensayos sobre el entendimiento humano

1600 Ulla Folsing:
Mujeres Premios Nobel

1601 Nicholas Humphrey:
La mirada interior

1602 Chris Cook:
Diccionario de términos históricos

1603 John A. Hall, G. John Ikenberry:
El estado

1604 Apolodoro:
Biblioteca mitológica

1605 Pilar Llamas:
Decoración con flores secas

1606 Patricia Highsmith:
El temblor de la falsificación

1607 Giovanni Boccaccio:
Vida de Dante

1608 Inmanculada Tejera:
El libro del pan

1609 Yevgeni Zamyatin:
Nosotros

1610 Frans de Wall:
La política de los chimpancés

1611 Apiano:
Sobre Iberia y Aníbal

1612 Oppenhaimer:
Calor letal

1613 Abelardo y Eloísa:
Cartas

1614 Bertolt Brecht:
Narrativa completa, 5

1615 Emile Durkheim:
Las formas elementales de la vida religiosa

1616 Celine Vence:
El libro de la barbacoa

1617 Aristóteles:
Parva naturalia

1618 César Vidal:
Diccionario de las tres religiones

1619 Chretien de Troyes:
Cliges

1666 Fernando García de Cortázar y José Manuel Vesga González:
Breve Historia de España

1667 Pascal Tassy:
El mensaje de los fósiles

1668 Roberto Arlt:
El criador de gorilas
Un viaje terrible

1669 Chris Horrie y Peter Chippindale:
¿Qué es el Islam?

1670 Bertolt Brecht:
Narrativa completa
7. Diálogos de refugiados

1671 José Antonio del Moral:
Cómo ver una corrida de toros

1672 Jenny Teichman y Katherine C. Evans:
Filosofía: Una guía de principiantes

1673 Bernard Crick:
Socialismo

1674 S. Abraham y D. Llewellyn-Jones:
Anorexia y bulimia

1675 Escuela Bíblica de Jerusalén:
Biblia de Jerusalén

1676 Jean Carpentier y François Lebrun:
Breve Historia de Europa

1677 Luis Chiozza:
¿Por qué enfermamos?

1678 Beatriz Imízcoz y Antoinette Barchman:
Invitados a la mesa

1679 Virginia Woolf:
La señora Dalloway

1680 Maguelonne Toussaint-Samat:
Historia técnica y moral del vestido, 1

1681 Maguelonne Toussaint-Samat:
Historia técnica y moral del vestido, 2

1682 Maguelonne Toussaint-Samat:
Historia técnica y moral del vestido, 3

1683 Tíbulo:
Elegías

1684 José María Moreiro:
Historia, cultura y memoria del arte de torear

1685 Bertolt Brecht:
Teatro completo, 6

1686 Ovidio:
Heroidas

1687 Michael J. A. Howe:
Fragmentos de genio

1688 María de Francia:
Lais

1689 Anton Chejov:
El violín de Rothschild y otros relatos

1690 Pilar Fernández Uriel y Ana M.ª Vázquez Hoys:
Diccionario del Mundo Antiguo
Próximo Oriente, Egipto, Grecia y Roma

1691 José María Caparrós:
100 grandes directores de cine

1692 James W. Pennebaker:
El arte de confiar en los demás

1693 Ángel Crespo:
Antología poética

1694 Jordi Pérez:
Chicos al fogón

1695 Joseph Conrad:
Azar

1696 F. Mora y A. Sanguinetti:
Diccionario de neurociencias

1697 Gerald Durrell:
Filetes de lenguado

1698 Hermann y Leo Schneider:
Diccionario de la ciencia para todos

1699 Caty Juan del Corral:
Recetas con ángel

1700 Augusto M. Torres:
El cine italiano en 100 películas

1701 Jeremy Bernstein:
Quarks, chiflados y el cosmos

1702 Amin Maalouf:
Los jardines de luz

1703 John Gribbin:
En el principio...

1704 Francisco J. Alonso:
Vida y caza de la perdiz

1705 César Vidal:
La sabiduría del Antiguo Egipto

1706 Gerald Durrell:
Un zoológico en mi azotea

1707 Alicia Olmo:
El libro blanco de la belleza

1708 Simon Levay:
El cerebro sexual

1709 Carlos Mellizo:
La vida privada de John Stuart Mill

1710 Don Juan Manuel:
El Conde Lucanor

1711 Atilano Domínguez:
Biografías de Spinoza

1712 Carlos García Gual:
El zorro y el cuervo

1713 Fernando Vallespín (ed.):
Historia de la Teoría Política, 6

1714 Carlo M. Cipolla:
Tres historias extravagantes

1715 Francisco Narbona:
Juan Belmonte

1716 W. G. Beasley:
Historia contemporánea de Japón

1717 R. L. Stevenson:
El Weir de Hermiston

1718 Igone Marrodán:
Cocina sencilla para tiempos complicados

1719 Horace Walpole:
Cuentos jeroglíficos

1720 Felipe Garrigues:
Abriendo el compás. Un paso adelante en el conocimiento del toreo

1721 Victor Clube y Bill Napier:
El invierno cósmico

1722 José Viñas:
... in corpore sano

1723 Walt Whitman:
Hojas de hierba.
Antología bilingüe

1724 Robert Nisbet:
Conservadurismo

1725, 1726 Miguel de Cervantes:
Novelas ejemplares